Almuth Germann

Raiffeisen hat eine Idee

Almuth Germann

Raiffeisen hat eine Idee

Bibliografische Information der Deutschen Nationalbibliothek:
Die Deutsche Nationalbibliothek verzeichnet diese Publikation in der Deutschen Nationalbibliografie; detaillierte bibliografische Daten sind im Internet über http://dnb.dnb.de abrufbar.

© *2016 Almuth Germann*

Illustration: **Eckart Germann, pixabay, u. a.**

Herstellung und Verlag: BoD – Books on Demand, Norderstedt

ISBN: 978-3-7412-8189-1

Inhaltsverzeichnis:

1845

In Weyerbusch herrscht Not.
Die Kartoffel- und Getreideernte ist
schlecht ausgefallen.
Die Menschen hungern.
Das Saatgut ist verbraucht.
Vielen geht es so.

Friedrich Wilhelm Raiffeisen ist der neue
Bürgermeister.
Er ist erschüttert.
Wie kann er helfen?
Er fühlt sich verantwortlich für seine
Gemeinde.
Allein kann er nichts ausrichten.
Aber viele zusammen können etwas
bewegen.

Er versammelt die Wohlhabenden und bittet um eine Leihgabe.

Sie schließen sich in einem „Brodverein" zusammen.

Er kauft Korn, aus dem Brot gebacken wird.

Er kauft Korn als Saatgut.

Er verkauft es an die Bürger zu einem niedrigen Preis.

Er verschenkt es nicht, aber er fordert
auch nicht zu viel.

Er fördert die Selbsthilfe.

Die Menschen schöpfen Hoffnung.

Er erkennt, dass das Brot aus den
Nachbarorten zu teuer ist.

Kurze Wege machen die Ware billiger.

Alle zusammen errichten ein Backhaus.

Das Brot kann günstig verkauft werden.

Die Ernte fällt wieder schlecht aus.

Noch einmal kann Raiffeisen Menschen bewegen, Geld zu sammeln, damit er Korn kaufen kann.

Wenn einer den ganzen Betrag nicht bezahlen kann, werden Raten vereinbart.

Die Zinsen sind sehr niedrig.

Die Höhe der Raten ist nicht zu hoch.

Seine Gemeinde ist überschaubar.

Er kennt diejenigen, die Hilfe in Anspruch nehmen.

Es ist eine tragfähige, starke Gemeinschaft.

Die Schule ist baufällig.

Die Kinder frieren.

Sie sind oft krank.

Raiffeisen ist Bildung wichtig.

Eine gute Ausbildung bietet ein besseres Einkommen.

Zusammen bauen sie eine Schule.

Jetzt gehen die Kinder gerne zur Schule.

Es ist schwer, die Ernte zu verkaufen.

Die Wege zu den Märkten sind weit.

Die Transportmittel sind schlecht.

Die Wege sind uneben.

Raiffeisen plant den Straßenbau bis an den Rhein, von Weyerbusch über Flammersfeld nach Heddesdorf.

Neue Arbeitsplätze werden geschaffen.

Die Reisezeit wird verkürzt.

Die Verkaufsmöglichkeiten werden erhöht.

Es gibt Menschen, die die Not ausnutzen.

Sie geben Kühe, die gefüttert werden sollen, aber keine Milch geben.

Die vereinbarten Raten sind zu hoch.

Die Zeit für die Rückzahlung ist zu kurz.

Die Menschen müssen das Vieh ohne Gewinn zurückgeben.

Der Kreislauf beginnt von neuem.

Das Vieh ist noch schlechter.

Die Bauern verschulden sich.

Der letzte Besitz geht verloren.

Raiffeisen stellt – wieder mit Hilfe des Vereins – gesunde Kühe zu bezahlbaren Raten zur Verfügung.

Er lässt genug Zeit.

Er deckt den Wucher rücksichtslos auf.

Die Bauern brauchen auch Geld.

Material, Saatgut und Werkzeuge sind nötig.

Der Verein verleiht Geld.

Die Kreditnehmer sind bekannt.

Sie müssen rechtschaffen sein.

Sie müssen einen Gegenwert vorweisen.

Ein Bürge steht für sie ein.

Der übernimmt die Schuld, wenn sie es nicht können.

So entsteht in Flammersfeld der „Hülfsverein", ein Darlehnskassen-Verein.

Die Mitglieder stehen füreinander ein.
„Einer für alle - alle für einen."
Der Ertrag der Kasse lindert andere Nöte.
Die Mitarbeiter arbeiten ehrenamtlich.
Schnell entstehen neue Vereine.
Diese helfen sich gegenseitig.
Weltweit verbreitet sich Raiffeisens Idee.

1818

Friedrich Wilhelm Raiffeisen ist mit acht Geschwistern in Hamm an der Sieg aufgewachsen.

Der Vater hat sich etwas zuschulden kommen lassen.

Die Mutter trägt die Verantwortung.

Sie lebt im Vertrauen auf Gott.

Eine höhere Schulausbildung ist für Friedrich zu teuer.

Sein Pate und Pfarrer unterrichtet ihn.

Sein Leitwort wird sein
Konfirmationsspruch:

2. Mose 23, 20: „Siehe, ich sende einen
Engel vor dir her, der dich behüte auf dem
Wege und dich bringe an den Ort, den ich
bestimmt habe."

Raiffeisen folgt dem Vorschlag, die
militärische Laufbahn einzuschlagen.

Das öffnet ihm weitere Wege.

Interessiert und erfolgreich geht er
seinen Weg.

Als Feuerwerker erleidet er einen Unfall.

Ein Augenleiden bleibt zurück.

Er wechselt zur Verwaltung.

Bald übernimmt er die Arbeit in einer
Gemeinde.

Genossenschaften heute:

Winzerei-Genossenschaft an der Mosel

Wir bauen Wein an.

Die Trauben keltern wir gemeinsam.

Der Wein bekommt einen gemeinsamen
Namen.

Zentral wird er verkauft.

Wir lassen uns zusammen von
ausgebildeten Fachleuten beraten.

Personal, Geräte, Maschinen und Gebäude
nutzen wir gemeinsam.

Das senkt die Kosten.

Daher können wir uns auf die Güte des
Weins konzentrieren.

Dorfladen

In unserem Ort wurde der letzte Laden geschlossen.

Für Alte, Arme und Kinder wurde das Einkaufen schwierig.

Gemeinsam haben wir einen Dorfladen gegründet.

Viele freiwillige Helfer packen an.

Es gibt frische Waren aus der Region.

Der Laden ist ein Treffpunkt.

Ein Café ist angeschlossen.

Es ist unser Laden.

Wenn Geld am Jahresende übrig bleibt, wird es an die Anteileigner verteilt.

eine weltweite Genossenschaft

sie arbeitet mit Organisationen vor Ort

Die Mitglieder wollen Menschen helfen,
- Gerechtigkeit fördern,
- eine nachhaltige Entwicklung,
- eine soziale, gerechte Entwicklung.

Sie unterstützt den Fairen Handel, bei dem die Hersteller einen Mindestpreis erhalten.

Sie tritt für einen nachhaltigen Umgang mit Arbeitskräften und Bodenschätzen ein.

Sie unterstützt benachteiligte Menschen,
- schafft und sichert Arbeitsplätze,
- ermöglicht Versicherungen in Krank-
  heitsfällen und bei der Rente

- sie fördert das Gesundheitswesen,
  Transporte, Wohnung, Bildung.

Sie berät und schult,

- sie gibt Möglichkeiten zum Sparen,

- sie begleitet und pflegt Kontakte.

Auch ein Armer ist für sie kreditwürdig.

Sie fördert Selbsthilfe.

Die lange Laufzeit der Darlehen erhöht
die Sicherheit und Planbarkeit.

Sie gibt in Landeswährung.

Sie verbessert die Verarbeitung,
Veredelung, Vermarktung,

- schult in neuen Techniken,

- sorgt für den Fruchtwechsel,

- verringert die Zwischenhändler.

2015

In Muku/Kongo gibt die Kirche den Menschen Kartoffeln.

Zweimal im Jahr ist Ernte.

Die Kartoffeln bringen einen guten Ertrag.

Einen Teil der Ernte geben sie an die Nachbarn.

Jetzt können schon zwei Leute Kartoffeln anpflanzen.

Diese Frucht ist nahrhafter als Maniok.

Esther hat eine Ziege als Leihgabe bekommen.

Diese bekommt Nachwuchs.

Die Ziege wird weitergegeben.

Ihre Milch bereichert die Nahrung.

Der Weg zum Markt ist lang.

Die Ware ist schwer.

Am Abend hat Safa noch nicht alles
verkauft.

Aber es gibt jetzt Lagerräume.

Dort kann die nicht verkaufte Ware
gelagert werden.

Am nächsten Morgen wird sie noch einmal
angeboten.

Sie muss nicht unter Preis verkauft
werden.

Die Gebühr für die Übernachtung dient
weiteren Bauten.

Lehm wird mit Zement und Wasser vermischt.

Daraus werden kreisrunde Formen gebildet, die in der Sonne trocknen.

Dann werden sie in Behälter aus Blech gesetzt.

Es entstehen kleine Öfen.

So werden sie dann von den Frauen verkauft.

Die Herstellung stärkt ihr Selbstbewusstsein.

In der Not halten die Menschen zusammen.

Sie müssen ganz neu anfangen.
Sie haben viele Ideen.
Sie haben Ausdauer.
Sie wollen lernen.
Sie helfen sich gegenseitig.

Der Kornbauer

Am kommenden Morgen waren die Bewohner des Ortes erstaunt. Der Großbauer, der am Tag vorher noch seiner großen Ernte gegenübergestanden hatte, war nicht mehr zu sehen. Als man mittags noch immer nichts von ihm gehört hatte, ging man besorgt zu seinem großen Anwesen und fand ihn schließlich tot im Bett liegen. Auf seinem Gesicht lag noch ein Ausdruck des Erschreckens.

Auf dem Nachttisch lagen erste Skizzen zu einer Erweiterung der Scheunen. Die Pläne zeugten von dem großen Ertrag, den er auch in diesem Jahr erwirtschaftet hatte.

Gegen Abend versammelten sich alle Bewohner des Ortes zur Trauerfeier. Die altbekannten Worte aus dem 90. Psalm wurden verlesen: Du lässt die Menschen zurückkehren zum Staub und sprichst: Kommt wieder, ihr Menschen! Unsre Tage zu zählen, lehre uns! Dann gewinnen wir ein weises Herz.

Bei den Trauernden stand der kleine Simon mit seinem Vater: Er fragte ihn leise: Abba, war der Bauer nicht klug, war er ein dummer Bauer? Diese Frage störte den Vater in seiner Andacht. Er hatte nachgedacht und sich gedanklich festgehakt, als er das plötzliche Ende des Lebens bedachte. Was mühen wir uns? Können wir das Leben verlängern? Wer setzt unserem Leben Anfang und Ende?

Sein Sohn ließ ihn nicht in Ruhe: Abba, wir haben heute noch nicht viel gegessen. Wem gehört jetzt das Korn vom Bauern?

Wieder wanderten seine Gedanken: Vor dem inneren Auge des Vaters wurden die Tore der Scheunen geöffnet. Jeder durfte kommen und sich nehmen, was er brauchte. Jeden Tag durften sie wieder kommen und sammeln. Sie durften nehmen und es als Saatgut verwenden, damit auch sie im kommenden Jahre ernten konnten. Und wenn er mit seinem Krug am Morgen kam, dann stand die alte Geschichte seines Volkes vor seinen Augen, als sie in der Wüste auf dem Weg von Ägypten in das Gelobte Land das Manna, das himmlische Brot sammelten.

Wem gehört nun das Korn, wem gehört seine Ernte? Allein war der Bauer gestorben, allein hatte er gelebt, allein war er von der Erde gegangen. Seine neuen Entwürfe hatte er allein angefertigt, keinen hatte er zu Rate gezogen, in Selbstgesprächen hatte er geendet.

Nun waren alle zur Trauerfeier zusammengekommen. An seinem letzten Tag bildeten alle eine große Gemeinschaft, ob arm oder reich, ob satt oder hungrig. Der Tod führte sie alle zusammen. Der Bauer konnte sein Korn nicht mitnehmen, selbst wenn man es ihm als Grabbeigabe mitgeben würde. Warf das nicht ein ganz neues

Licht auf sein zurückliegendes Leben, sein Tun, sein Wirtschaften, sein Planen? Unwissend hatte er nun doch für andere gearbeitet, als sein Leben so plötzlich zu Ende war.

Gott hatte ihn gerufen, er hatte seine Pläne durchkreuzt und für ihn zunichte gemacht, er hatte seine Pläne umgelenkt. Die Vision der geöffneten Scheune verließ den

Vater nicht. Wie ein Wasserstrom sah er das Korn in seinen Krug fließen. Gemeinsam mit den anderen, die nicht genug hatten, holten sie ihr tägliches Korn und Brot. Sie wurden zu einer Gemeinschaft der Gesättigten.

Was der Kornbauer in seinem Leben nicht vollbracht hatte, das wurde nach seinem plötzlichen Sterben zum Segen. Das Teilen, die gegenseitige Hilfe ließ jeden neuen Tag zu einem Fest werden. Die Empfänger veränderten sich. Ihr Gesichtsausdruck hellte sich auf, sie waren zufriedener, weil sie satt wurden, sie waren froh und dankbar. Und oft stimmten sie ein Danklied an, wenn sie den täglichen Weg zur Scheune unternahmen.

Der Bauer hatte nie erlebt, wie glücklich es machen konnte abzugeben, zu teilen; er hatte nie das frohe Lachen eines Kindes gesehen, dem er zu essen gegeben hatte. Er hatte nie die Dankbarkeit erfahren, die gemeinsame Freude dessen, der schenkt und dessen, der annimmt. Er war als Narr gestorben, ohne das Vertrauen zum himmlischen, fürsorgenden Vater erlebt zu haben.

Im Dorf entstand ein neues Miteinander, das auch in Dankbarkeit und Zufriedenheit gründete. Der Tod des Bauern hatte einen heilsamen Schrecken bewirkt, der zum Nachdenken anregte. Sie wollten weise werden, nicht als dumme Leute sterben. „Herr, schenke uns ein weises Herz, lass uns klug werden!" Dieses Gebet ließ sie erkennen, wo jeder von ihnen – auf seine ganz besondere Weise – eine gefüllte Scheune hatte. Der eine hatte handwerkliche Fähigkeiten, die dem Nachbarn fehlten, der andere war ein geduldiger Mensch und konnte gut zuhören, eine dritte konnte gut kochen und der helfen, die besser organisieren konnte. Weil jeder sich einbrachte, wurde es auch leicht, anzunehmen, was der andere besser konnte.

Und sie lernten, miteinander zu feiern. Meist waren es Feste, bei denen jeder etwas mitbrachte. Keiner versteckte sich vor dem anderen, keiner fühlte sich zu arm oder zu fein, denn sie lernten immer mehr, was für ein großes Geschenk es war, von dem Gewachsenen, dem Geschaffenen nehmen zu können. „Danket dem Herrn, denn er ist freundlich, und seine Güte währet ewiglich."

Jedes Erntedankfest wurde zu einem neuen Bekenntnis zu dem Schöpfergott, der sie nicht im Stich ließ, der sie versorgte.

Sie trafen sich in der großen Scheune des verstorbenen Bauern, die nun ein Raum für alle aus dem Ort geworden war. Dort trafen sie sich, dort planten sie Projekte für den Ort, dort traf man sich, wenn man Hilfe anbieten konnte, wenn einer in Not war. Die Alten brachten ihre Erfahrungen ein, in dem ihnen angemessenen Tempo und Rhythmus waren sie genau so wichtige Stützen dieses Miteinanders wie die Jungen, Kräftigen, die noch Erfahrungen sammelten. Die Scheune war ausgeschmückt mit Bildern aus der Natur. Man hatte gelernt, mit Ehrfurcht vor der Natur zu leben, zu teilen, was gewachsen war, nachhaltig mit dem umzugehen, was für sie ein immer größeres Geschenk wurde. „Alle gute Gabe kommt her von Gott dem Herrn, drum dankt ihm!"

Jeder Einzelne wusste sich umgeben und behütet von Gott, dem Schöpfer, von dem Mitmenschen, der manchmal half, manchmal selbst auf Hilfe angewiesen war, von der blühenden, wachsenden und ruhenden Natur, die ein wichtiges Lebensmittel war.

Keinen bewegte mehr die Frage nach dem Besitzen dessen, was sie erarbeitet hatten, der eine mehr, der andere weniger, je nach dem, was einer konnte, sondern sie lernten darauf zu achten, dass jeder genug hatte. Die große Scheune war zum Mittelpunkt des Ortes, einer neuen Lebensgemeinschaft geworden, sie war wie ein zweites Zuhause. Und manchmal war sie wie ein Haus Gottes, ein Haus, in dem ihnen deutlich wurde, wir sind Geschöpfe Gottes, um-sorgte Kinder des himmlischen Vaters. Wir haben die Freiheit zu teilen, von dem ab-zugeben, was wir bekommen haben, wir haben die Freiheit anzunehmen, was der andere uns anbietet und wir haben das Vertrauen, dass Gott uns auch am nächsten Tag versorgt, uns als Gemeinschaft, als Volk Gottes, in aller Verschiedenheit und Vielfalt.

Sie fühlten sich bereichert, nicht weil sie mehr hatten, sondern weil sie teilen konnten, nicht weil jeder ein volles Säckel hatte, sondern weil sie eine verlässliche Gemeinschaft pflegten, nicht weil sie Vorräte hatten, sondern weil sie darauf vertrauten, dass Gott sie auch in Zukunft nicht im Stich lassen würde.